Paris
1890

Lecoy de La Marche, Albert

Le bagage d'un étudiant en 1347

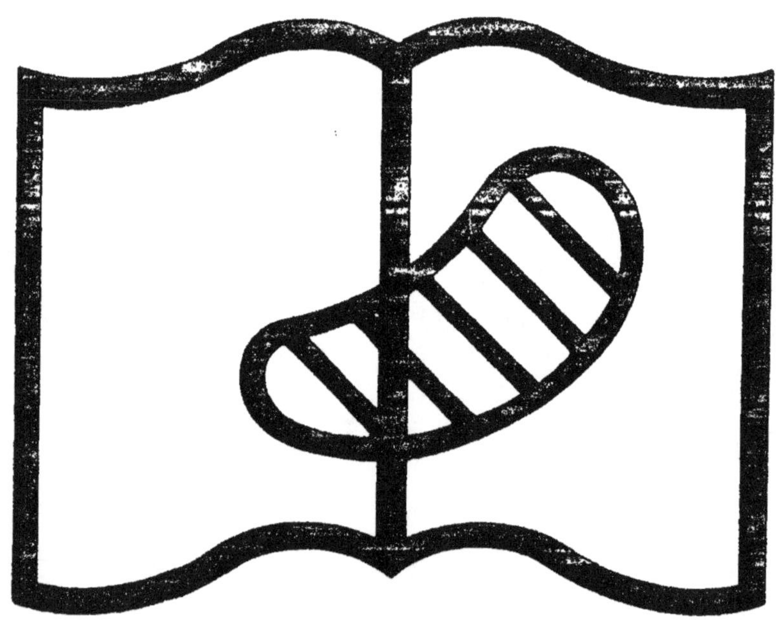

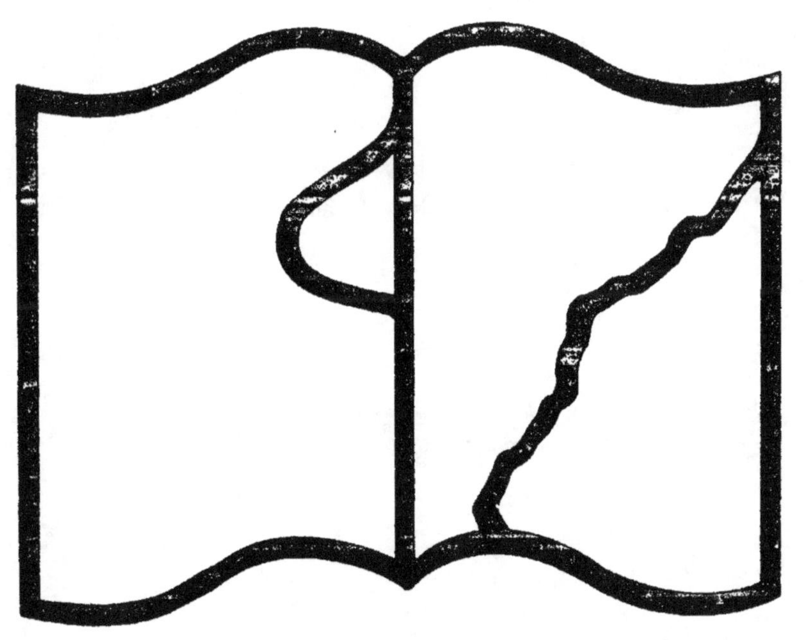

LE
BAGAGE D'UN ÉTUDIANT
EN 1547

PAR

M. LECOY DE LA MARCHE.

Membre résidant de la Société nationale des Antiquaires
de France.

Extrait des Mémoires de la Société nationale des Antiquaires
de France, t. L.

PARIS

1890

LE

BAGAGE D'UN ÉTUDIANT

EN 1347

PAR

M. LECOY DE LA MARCHE

Membre résidant de la Société nationale des Antiquaires
de France.

———

Extrait des *Mémoires de la Société nationale des Antiquaires
de France*, t. L.

———

PARIS

1890

LE BAGAGE D'UN ÉTUDIANT

EN 1347.

Le mardi 6 novembre 1347, un jeune voyageur suivait à cheval la route de Nevers à Paris. Sa monture à robe fauve, sur laquelle étaient assujetties deux petites valises, avait été louée par lui à Guillaume le physicien, un médecin nivernais. Un manteau brun, fait de drap tanné et de ce tissu bigarré qu'on appelait du *marbre*, l'enveloppait tout entier. Il portait, par-dessous, une *cotardie* également marbrée ou tachetée et fourrée d'agneau noir, une cote couleur fleur de pêcher, un *blanchet* fourré d'agneau blanc, des chausses « fleur de vesce, » des houseaux ou molletières, des braies, un brayer, et même une chemise, suivant la mode nouvelle. Sa taille était serrée par une ceinture de cuir rouge ornée de rosettes d'argent, à laquelle étaient suspendus divers objets. Il avait sur la tête deux chaperons d'étoffe différente, mis l'un dans l'autre, et, par-dessus, un chapeau de feutre ; au côté, une épée ; aux talons, des éperons ; enfin tout l'équipement d'un fils de famille quittant, bien pourvu et bien couvert, la maison paternelle.

C'était, en effet, un étudiant de Paris, un boursier de Sorbonne, originaire de Nevers ou des environs, et qualifié messire Guillaume *de Vernoit* ou de Vernet[1]. Il revenait très probablement de vacances et allait reprendre ses études théologiques. Les cours ouvraient, en effet, à la Saint-Martin : il n'avait plus que quelques jours à perdre, et le trajet était long.

Il était arrivé dans la riante vallée du Loing, et se trouvait déjà en vue de la petite ville de Château-Landon, située à moitié chemin de Montargis à Nemours. La route, en cet endroit, suivait, comme aujourd'hui, le bord de la rivière, laissant sur la gauche, à une lieue de distance environ, ce vieux castel du Gâtinais, qui appartenait alors à la reine de France Jeanne de Bourgogne, en vertu de son douaire, et elle traversait un hameau groupé autour d'une antique abbaye, que les bonnes gens du pays appelaient *Saint-Quanceau*, variante étrangement défigurée de Cercanceau (*Sacra Cella* ou *Sarcumcellæ*), son nom véritable. Mais, avant même d'avoir atteint les premières

---

1. Il y a dans la Nièvre un ancien fief du nom de Vernay (commune de Challuy, près Nevers) et un village du même nom auprès de Luzy.

maisons de ce petit village, le jeune étudiant tomba victime d'un accident mystérieux, au lieu dit la Motte-lès-Blainoy.

Ce n'était point un meurtre, car l'acte officiel qui nous révèle le fait, et dont je vais parler tout à l'heure, nous l'eût certainement indiqué; or, il mentionne simplement le décès, sans lui assigner aucune cause, ce qui laisse supposer qu'il s'agit plutôt d'une mort naturelle. D'autre part, rien de ce que le défunt portait avec lui, pas même sa menue monnaie, ne lui fut dérobé : les voleurs de grand chemin étaient donc étrangers à l'affaire. Peut-être un mal subit l'avait-il frappé ; peut-être une chute de cheval lui avait-elle causé une blessure mortelle. Quoi qu'il en soit, le corps du malheureux fut trouvé, bientôt après, étendu sur la route et transporté à Château-Landon, dans l'hôtel d'un nommé Jean de Cudot, où l'on procéda aux constatations légales.

Le lendemain 7 novembre, sur l'ordre du bailli de Courtenay, le tabellion de Château-Landon, Pierre du Vivier, ou du moins son clerc, se rendit en ce même hôtel avec un bourgeois de la localité, Jean Le Jay, et trois sergents de la reine. Là, en présence de quatre témoins requis par eux, ainsi que d'un mercier de Nevers paraissant avoir connu particulièrement le défunt ou même avoir fait route avec lui, ils dressèrent l'inventaire complet des effets trouvés dans ses bagages ou sur sa personne. Cette pièce, rédigée en français, était complètement inconnue ; je l'ai découverte récemment parmi des papiers modernes, dans un carton des Archives nationales où nul ne pouvait s'attendre à la rencontrer[1]. Non seulement elle nous apprend ou nous donne à entendre, sous une forme plus sèche, les divers détails que je viens de rapporter ; mais elle nous montre par une description minutieuse et, pour ainsi dire, vivante, quoiqu'il s'agisse d'un mort, comment voyageaient les étudiants aisés du XIV° siècle, quelles étaient leurs habitudes, quels objets ils emportaient avec eux.

En premier lieu, le jeune théologien fut trouvé possesseur d'un très beau livre d'heures ou bréviaire, en tête duquel était placé, suivant l'usage, un calendrier. Le volume était recouvert d'une reliure en cuir cramoisi, munie de deux fermails d'argent et d'un *saintier* de même métal, qui s'attachait avec des lacets de soie, puis protégée par une chemise de toile blanche. Le tout était renfermé dans un étui de cuir noir « fermant à bouclettes ». Telles étaient les précautions dont on entourait les livres précieux. La chemise et l'étui étaient d'un usage fréquent ; mais quant au *saintier*, qui devait être une espèce de ceinture

---

1. Arch. nat., M 801. Un classement plus rationnel a donné depuis à ce document la cote M 74.

aidant à maintenir le volume fermé, la chose était plus rare, et le mot ne figure même pas dans les dictionnaires de la langue du moyen âge.

Ce bréviaire ne se trouvait pas avec les effets de son propriétaire : il l'avait, sans doute, gardé à la main, avec la pensée de l'ouvrir de temps en temps pour tromper les ennuis de la route. Son bagage proprement dit consistait, nous l'avons vu, en deux petites malles ou *mallettes*. La première, en cuir rouge, lui avait été prêtée par Michelot, le mercier de Nevers, pour emballer un costume élégant que sa propre valise ne pouvait contenir, à savoir : un corset (ou courte tunique sans manches) en drap fleur de pêcher, comme la cote dont il était vêtu, et fourré d'agneau blanc ; un surcot de drap violet fourré de ventres de lapin, un chaperon de marbre vermeil fourré d'agneau noir, un bonnet, une paire de souliers *supportés* (c'est-à-dire, j'imagine, garnis de talons ou de patins). Dans la corne du chaperon, l'on découvrit le sceau de Guillaume de Vernet, ou du moins sa matrice, faite de laiton, comme la plupart de celles qui étaient à l'usage des particuliers. Il n'y avait, à cette époque, presque pas d'homme de métier qui n'eût son sceau personnel et ne le conservât précieusement avec lui ; à plus forte raison un gentilhomme ne devait-il pas voyager sans le sien. A ces vêtements étaient aussi joints cinq couteaux de la forge de *Ceuve* ou de *Cenne*, localité dont il eût été intéressant pour l'histoire de l'industrie de retrouver le nom moderne ; mais je l'ai cherché en vain jusqu'à présent, et nous devons provisoirement nous contenter de noter ce détail, que les couteaux du temps, comme ceux d'aujourd'hui, portaient gravé le nom du lieu où ils avaient été fabriqués, ou du moins une marque servant à le faire reconnaître. Deux de ces instruments tranchants étaient à viroles d'argent ; les trois autres, moins riches, furent réclamés comme siens par le mercier Michelot, et l'on voulut bien les lui remettre, quoique la présence d'objets lui appartenant, dans ce bagage d'étudiant, fût assez singulière.

La seconde mallette, en cuir noir, avait un contenu plus important et plus instructif pour nous. Elle renfermait encore quelques habits de rechange, une cote simple de drap violet, devant aller avec le surcot trouvé dans la première, et deux chaperons fourrés, l'un en étoffe pareille, l'autre couleur fleur de pêcher (nuance décidément fort à la mode), s'harmonisant avec la cote et le corset dont j'ai parlé. On remarquera que tous ces vêtements n'ont rien du costume ecclésiastique : il faut en conclure que les étudiants en théologie n'étaient nullement astreints à s'habiller comme les clercs, au moins en dehors de l'Université (car peut-être messire Guillaume avait-il laissé à Paris, où il avait, en effet, son logement, un costume plus sévère). Du reste, une pareille liberté ne paraît pas étonnante lorsqu'on réfléchit qu'un bon nombre d'écoliers étudiaient en *divinité* dans le seul but de compléter leur instruction, sans se destiner le moins du monde à la cléricature. Mais la mallette en question contenait, en outre, les ustensiles du jeune sorboniste, ses livres, son argent, en un mot tous les objets auxquels il devait tenir le plus. Dans le nombre figurent de nouveau des couteaux ornés de viroles d'argent, ou même d'or, comme l'un de ceux dont M. de Laborde a rencontré la mention dans les comptes royaux[1], et un canif à viroles émaillées et gravées, comme celui qui est désigné dans l'inventaire de Charles V[2]. Ainsi ces objets de luxe étaient alors à la portée des simples étudiants aussi bien que des princes. Toutefois le plus curieux de ces ustensiles est un instrument très pratique, rappelant singulièrement ceux que fabriquent aujourd'hui, pour la plus grande commodité des voyageurs, les couteliers anglais. C'est un petit outil à triple destination, comprenant à la fois un couteau, un poinçon et des ciseaux ou *forcettes*. Le savant auteur de la *Notice sur les émaux du Louvre* a également cité une rareté du même genre, datant à peu près de la même époque[3]. Voilà encore une invention dont l'industrie

---

1. *Notice sur les émaux du Louvre*, II, 231.
2. *Ibid.*, p. 194.
3. *Ibid.*, p. 231.

moderne, si ingénieuse pourtant, n'aura pas eu le mérite.

A côté des instruments tranchants, pour lesquels messire Guillaume semble avoir eu un goût particulier (car aucun de ceux-là ne pouvait lui servir à se défendre contre les malfaiteurs), voici son *escriptoire*, fermée par des lacs de soie et renfermant un *cornet*, c'est-à-dire un encrier en forme de corne, comme la plupart de ceux du moyen âge, avec un *canivet* ou canif spécial, destiné à gratter le parchemin. Ce petit nécessaire d'école était complété par une espèce de carnet couvert de *camocas* brodé[1], muni de deux fermoirs de laiton et paraissant avoir été fait pour recevoir des notes.

Les livres occupaient dans la valise une place relativement importante, car ils étaient au nombre de neuf. Six au moins étaient des ouvrages de théologie servant à l'étude; plusieurs d'entre eux, en effet, n'étaient couverts que de simple parchemin ou étaient écrits sur papier. Il n'y avait pas longtemps, on le sait, que le papier avait commencé à se répandre en France; c'est même seulement à partir de cette époque, sous Philippe de Valois, qu'il devint réellement à la mode. Mais, comme il était précisément inventé pour remplacer une matière

---

1. Le *camocas* était une soie très forte, employée pour les ornements d'église.

trop coûteuse, il fut d'abord employé, au rebours de la plupart des nouveautés, aux usages vulgaires, pour les minutes, les lettres missives, les cahiers de notes, les livres d'étude, tandis que les ouvrages de bibliothèque et les actes officiels continuèrent à être écrits sur parchemin jusque dans le cours du xvᵉ siècle. On a cependant ici un des plus anciens exemples de la propagation du papier dans le monde des écoles et des étudiants.

L'inventaire ne donne pas les titres de ces différents livres de théologie; mais il reproduit les premiers mots de chacun, et cela suffit pour nous indiquer leur nature, sinon leur sujet précis. On peut même, sans trop de témérité, reconnaître dans l'un d'eux un recueil de sermons composé par Guillaume de Mailly, probablement frère prêcheur, et qui jouit, dans la première moitié du xivᵉ siècle, d'une vogue aussi générale qu'imméritée[1]. Le thème initial (*Abiciamus opera tenebrarum*, etc.) autorise suffisamment cette identification. Si elle est fondée, notre sorboniste n'avait pas là une lecture bien profitable ni bien récréative, tant s'en faut.

Au reste, tout le contenu de cette petite bibliothèque portative révèle en lui un écolier sérieux, entièrement adonné à la science et à la piété; car

---

1. Voy. l'article consacré à ce prédicateur par M. Hauréau (*Histoire littéraire de la France*, XXVI, 452).

les trois derniers volumes paraissent eux-mêmes
n'avoir renfermé aucun roman ni aucune œuvre
de littérature proprement dite. L'un était sans
doute un livre de prières : il était relié avec beau-
coup plus de luxe, en drap d'or, et commençait
par les mots : *Per omnia secula seculorum.* Les
deux autres étaient plutôt des recueils de chartes,
à en juger par leurs premières lignes : *In nomine
sancte et individue Trinitatis*, et *Johannes, episcopus, servus [servorum Dei]*. Guillaume de Vernet était, d'ailleurs, assez familier, pour une raison
ou pour une autre, avec cette classe particulière
d'écrits ; car à ses livres étaient jointes deux bulles
scellées de plomb et une grande lettre sur parchemin munie d'un sceau de cire verte. Malheu-
reusement ces actes ne sont pas désignés d'une
façon plus explicite.

Mais une pièce qui devait intéresser davantage
les délégués du bailli, c'est le testament du voyageur, lequel fut retrouvé avec ses livres dans la
même mallette. L'inventaire nous dit seulement
qu'il était rédigé sur un feuillet de papier. Il ne
devait pas contenir de longues dispositions : la
fortune d'un étudiant est bientôt distribuée. Mais
il est déjà utile pour l'histoire des mœurs de cons-
tater qu'en ce temps-là un simple écolier n'entre-
prenait pas le voyage de Nevers à Paris sans
mettre ordre à ses affaires, temporelles ou spiri-
tuelles. A cette précaution, trop justifiée par

l'événement, l'infortuné jeune homme en avait ajouté une autre presque aussi nécessaire : sur deux *brevets*, ou sur deux petites cédules de parchemin, glissées dans sa bourse, il avait inscrit l'adresse de la chambre qu'il habitait à Paris. Ainsi, en cas d'accident, ni son corps ni ses effets ne couraient le risque d'être laissés à l'abandon.

Cette bourse, en cuir blanc, munie d'un brayer, ou d'une coulisse, et d'un petit objet pendant appelé *guy*, dont il ne m'a pas été possible de déterminer exactement la nature (c'était peut-être une sorte de gland formé d'une de ces petites boules de gui de chêne avec lesquelles on fabriquait des chapelets, car il est mentionné avec un lacs de soie auquel il devait être appendu), était, d'ailleurs, fort bien garnie. Neuf gros deniers d'argent, deux doubles deniers d'or, deux *chaères* d'or (ou deux deniers d'or *à la chaière*), un écu, un *royal*, trois *mailles* de Florence, trente-six petits parisis, sept petits tournois, deux *mailles* parisis, telle était la provision pécuniaire emportée par messire Guillaume pour commencer son année scolaire. Mais ce n'était pas tout. La bourse comprenait encore un *bourset*, ou une poche extérieure, comme en ont quelquefois nos sacs de voyage, et dans ce bourset se trouvaient une petite clef (probablement destinée à fermer la bourse), un parisis à la couronne, et, chose plus étrange, un « denier du roi Robert ». Les monnaies de ce

prince étaient-elles donc restées dans la circula-
tion et avaient-elles toujours cours au XIVe siècle ?
Ou bien était-ce là, tout simplement, une pièce
du roi Robert de Naples, mort quatre ans plus
tôt ? Quoi qu'il en soit, monnaie ancienne ou
monnaie étrangère, elle offrait à son propriétaire
un certain intérêt, puisqu'il la serrait précieusement. Il la gardait, sans doute, à titre de curio-
sité ; et ce qui montre bien que ce n'était pas une
monnaie ordinaire, c'est précisément le soin pris
par le rédacteur de l'inventaire d'en désigner
l'effigie, chose qu'il n'a faite pour aucune autre
pièce : évidemment, celle-ci lui aura paru singulière, hors d'usage, et il aura voulu, pris d'un
scrupule fort honorable, la signaler comme telle.
De plus, en dehors de la bourse, un sachet de toile
renfermait neuf livres seize sous parisis en *doubles
noirs* (doubles deniers d'argent), et un morceau
d'étoffe ou *drapel* servait d'enveloppe à vingt sous
tournois, accompagnés d'un billet exprimant le
montant du contenu. Ces deux dernières sommes,
ainsi mises à part, devaient avoir une destination
spéciale : le porteur était peut-être chargé de les
remettre à quelque autre personne.

Enfin, parmi les objets suspendus à la courroie
de cuir rouge que portait sur lui le défunt, et dont
j'ai parlé en commençant, se trouvait ce que nous
appellerions aujourd'hui son argent de poche, celui
dont il pouvait avoir besoin en route. Cet argent

consistait encore en *doubles noirs* et se montait en tout à vingt sous parisis. La somme paraîtra un peu forte ; mais les auberges étaient si chères, et les hôteliers, s'il faut en croire certains sermonnaires, se montraient si rapaces envers les étudiants de Paris !

A la ceinture pendaient, en outre, des tablettes d'ivoire sculptées à l'intérieur (*à ymageries par dedans*). Cette ornementation, qui en faisait un objet de prix, devait cependant laisser une place vide pour y inscrire quelques notes ; car tel était l'emploi ordinaire des tablettes de ce genre. La même courroie soutenait aussi un véritable nécessaire de voyage, comprenant, dans une gaine ou dans un étui, quelques menus ustensiles d'un usage fréquent, à savoir : un peigne d'ivoire, un *coutelet d'argent à fourcher dens* (c'est-à-dire ce que nous appellerions aujourd'hui un cure-dents de métal, autre invention nouvelle dont commençaient alors à se servir les gens de bon ton et dont les inventaires princiers nous signalent quelques spécimens fort riches, sous le nom de *furgettes*, de *fusequoirs* ou d'*esguillettes*), un *greffe* ou stylet d'acier monté en argent, puis encore deux couteaux, dont un grand et un petit, un poinçon à manche semé de trèfles d'argent, et une paire de ciseaux.

L'inventaire, après cette minutieuse énumération, ne mentionne plus guère que le costume dont Guillaume de Vernet était revêtu, et que j'ai déjà

décrit, son cheval fauve, enfin un sac de monnaie
que l'étudiant, au dire du mercier Michelot, portait à un chevalier nommé Jean d'Angerand ou
d'Augeraud, et sur lequel était apposé un sceau
de cire vermeille. On fermait, en effet, de cette
façon les boîtes, les coffrets, les enveloppes quel-
conques renfermant des espèces ou des objets
précieux. La mallette du mercier était même scel-
lée d'un sceau d'emprunt, qui était celui de Rousseau de Prie, chevalier, bien que Guillaume de
Vernet eût le sien dans cette valise. Pour mieux
protéger la somme contenue dans le sac et pour
confirmer l'autorité de ce sceau vermeil, dont
l'empreinte était, d'ailleurs, peu reconnaissable,
on y ajouta celle du sceau officiel de la prévôté de
Château-Landon. Elle fut aussi apposée sur l'inventaire lui-même, et la pièce fut aussitôt trans-
mise à l'officialité de Paris, qui en fit faire, le
16 du même mois, une expédition authentique,
sans doute pour la transmettre aux intéressés.

Le document que je viens d'analyser n'enrichit
pas seulement de quelques détails nouveaux nos
connaissances archéologiques et l'histoire de la vie
privée. Il nous fait voir avec quelle scrupuleuse
fidélité on inventoriait, pour les remettre à qui
de droit, les meubles et effets des personnages
inconnus décédés loin de chez eux. Un tel soin du
bien d'autrui répond parfaitement à l'esprit d'hon-
nêteté et de probité que d'autres documents nous

montrent répandu parmi toutes les populations de la France au moyen âge. C'est ce qui donne à cette pièce si simple, et pourtant d'une espèce peu commune, un surcroît d'intérêt et la rend peut-être moins indigne de l'attention des érudits.

INVENTAIRE DES EFFETS DE GUILLAUME DE VERNET.

Universis presentes litteras inspecturis, officialis Parisiensis, salutem in Domino. Notum facimus nos, anno Domini millesimo trecentesimo quadragesimo septimo, die veneris post festum hiemale beati Martini, vidisse, tenuisse et diligenter inspexisse, ac de verbo ad verbum legisse quasdam litteras sigillo prepositure de Castro Nantonis[1], ut prima facie apparebat, sigillatas, sanas et integras, omnique vicio et suspicione carentes, formam que sequitur continentes.

A touz ceulx qui ces presentes lettres verront, Nicolas de Baugenci, garde du seel de la prevosté de Chasteaulandon, salut. Sachent tuit que, du commandement de honorable homme et saige sire Jehan de Vaunaise, baillif de Courtenoy[2], Jehan

---

1. Château-Landon (Seine-et-Marne) s'appelait primitivement *Castrum Nantonis.*
2. Courtenay (Loiret). À six lieues de Montargis.

de Provins, clerc juré commis et establi en l'absence de Pierre du Vivier, tabellion du dit lieu de Chastiaulandon, fu envoiés et se transporta en l'ostel de Jehan de Cudo[1], de ce mesme lieu, avecques Jehan Le Jay, bourgois du dit lieu, Ethevnet de Ruppière, Guillemin Angueulevent et Estienne Charanton, sergens de madame la royne de France, envoiez avecques le diz bourgois et juré, pour faire inventoire de certains biens meubles qui estoient feu messire Guillaume de Vernoit, estudiant à Paris es bourses de Sarbonne, qui avoit esté trouvé mort, le mardi prochain passé apres la feste de Toussains, ou chemin de Paris, au lieu de la Mote les Blainoy, au dessus de Saint-Quanceau[2], si comme l'en disoit; laquelle inventoire des dis biens meubles fu faite par les diz Jehan Le Jay et sergens[3] de ma dicte dame, en la présence du dit juré, le mercredi ensuient du dit mardi après la dicte feste, en la manère qui ensuit.

Premièrement, un breviaire couvert de cuir vermeil camoissie, fermant à deus fermaus d'argent, un saintier d'argent à lacés de soie, une chemise blanche; et se commence par kalendier, après le kalendier par *Ecce virgo concepit*, et se

1. Cudot (Yonne), près de Villeneuve-le-Roi et non loin de Château-Landon.

2. Cercanceau, commune de Souppes, département de Seine-et-Marne.

3. *Sergent* dans l'original; mais ce mot doit s'appliquer aux trois sergents de la reine nommés un peu plus haut.

fenit : *Dominus custodiat introitum tuum*, etc. Et
estoit le dit breviaire en un estuit de cuir noir fermant à boucletes.

Item, une malete de cuir rouge qui estoit Michelot le mercier de Nevers, à ce present, si comme
il disoit ; laquelle malete estoit seellée du seel au
Rousseau de Prie, chevalier, si comme le dit Michelot et Clement Favoreau, son gendre, le tesmoi-
gnoient ; en laquelle estoient les choses ci après
nommées :

Premièrement, un corset de drap sur fleur de
peschier, fourré d'une panne[1] blanche d'aigneaus ;
un chaperon de marbre vermeil, fourré d'une
panne noire d'aigneaus, en la cornete duquel estoit
le seel du dit mort, qui est de laton.

Item, un seurcot d'un drap acole[2] violete fourré
d'une panne de ventre [de] connins ; un bonnet ;
cinq coutiaus de la forge de Cenne[3], dont il en y
en avoit deus à viroles d'argent, qui sont au dit
mort, et trois autres sanz viroles, qui estoient au
dit Michelot, si comme il disoit, et li furent ren-
dus ; et une paire de solers supportés.

Item, une autre malete de cuir noir, en laquelle
sont contenues ou estoient les choses qui ensuivent :

C'est assavoir, une cote simple d'un acole[4] vio-

---

1. Pièce de fourrure. V. Du Cange, PANNUS 2.
2. Drap particulier. V. Du Cange, ACOLE.
3. Ou *Ceuve*, comme je l'ai dit plus haut.
4. Il manque, sans doute, le mot *drap*. Voy. ci-dessus.

lete, un chaperon de ce mesme drap fourré de menu ver, un chaperon de fleur de peschier fourré de panne blanche, un coutel engravé à un clou de laton, garni de coutel, de poinson et de forsetes, une paire de grans coutiaus à virole d'argent pour trencher, un coutel et un canivet à viroles d'or esmaillées et scignées à leire[1] d'or, tout en une gaine, une petite escriptoire à las de soie, un cornet et un petit canivet; un petit livret abregé, couvert de camocas ouvré de soie, à deus fermaus de laton.

Item, un livre couvert d'un drap d'or et d'une chemise blanche, qui se commence : *Per omnia secula seculorum*, et se finit : *Zuriuz* (?) *consiliantur eos*, etc.; un autre livre couvert de parchemin, qui se commence : *Principium in themata* ; un autre livre en huit quaiers de papier et estans en une pièce de parchemin escript; un autre livre qui se commence : *Utrum, etc.*, escript en papier; un petit livret qui se commence : *Abiciamus opera tenebrarum, etc.*; un livre de papier qui se commence : *In nomine sancte et individue Trinitatis, etc.*; un livre qui se commence : *Intellectus bonus, etc.*; un livre de papier qui se commence : *Assit principio, etc.*; un livret de parchemin qui se commence : *Johannes, episcopus, servus, etc.*; deus bulles scellées de plonc et une grant lettre

____
1. Peut-être pour lyre.

seellée d'un seel de cire vert ; le testament du dit mort, escript en papier ; un sachet de telle ouquel il avoit en doubles noirs[1] neuf livres seze souls parisis ; une bourse à brayer de cuir blanc, en laquelle estoient neuf gros deniers d'argent, deus doubles d'or, deus chaères d'or[2], un escu, un roial et trois mailles de Fleurence, trente et six petis parisis viez, sept petis tournois, deux mailles parisis ; un drapel ouquel estoit cousu un brevet faisant mencion que en ce drapel avoit vint soulz tournois ; un guy à deus viroles d'argent pendant à la dicte bourse, un las de soie, et ou bourset de celle avoit une petite clef, un denier du roy Robert, un parisi à la coronne et deus petis brevés faisant mencion de sa chambre de Paris.

Item, une corroie de cuir rouge, de laquelle le dit mort se seignoit, ferré de boucle et mordant rons et dix-huit rosetes, tout d'argent ; une bourse de soie où il avoit vint soulz parisis en doubles noirs ; unes tables d'ivoire à ymageries par dedans ; un mauvais pingne d'ivoire, un petit coutelet d'argent à fourcher dens[3] ; un greffe d'argent entré d'acier ; un grant coutel, un petit, et un poinson à manches semez de trefiles d'argent, et unes for-

---

1. Doubles deniers d'argent. V. Du Cange, MONETA.

2. Deniers à *la chaière.*

3. Sur les cure-dents de cette nature, voy. Du Cange, au mot FURCARE ; de Laborde, *Émaux,* II, 232, 242, 326 ; Gay, *Dictionnaire,* au mot CURE-DENTS.

cetes, tout en une gayne, un estuit de . . . . . qui estoit sur ses clés ; toutes ces choses pendans à la dicte corroye.

Item, une viez soursainte[1] noire.

Item, une pièce de cuir tané.

Item, inventoire de la robe de quoy le dit mort estoit vestus :

Premièrement, un mantel double[2] d'un marbre brun et d'un tané ; deux chaperons mis l'un dedans l'autre, l'un de drap vermeil, l'autre de tané ; une cote hardie[3] de marbre tavlé[4] fourrée d'aignaux noirs ; une cote simple de fleur de peschier ; un blanchet fourré d'aignaus blans par le corps ; unes chauces de fleur de vece ; uns housiaus ; uns esperons ; chemises, brayes et brayer ; une espée, une targete et un chapiau de feutre.

Item, un sac ouquel il avoit monnoye, seellées d'un [scel] de cire vermeille, duquel l'empreinte estoit mal cognoissant ; et pour ce que le dit Michelot affermoit que le dit mort portoit argent à monsieur Jehan Daugeraud[5], chevalier, nous,

---

1. Espèce de ceinture fort large. V. Du Cange, SURSAINTE et SUBCINCTORIUM.

2. Il vaut mieux lire *double* que *doublé*, car le « marbre » ne servait guère pour les doublures, et l'étoffe du manteau, autrement, ne se trouverait pas désignée.

3. Pour *cotardie*.

4. *Tavelé* ou tacheté (Du Cange, TAVELLA). L'*e* qui doit suivre le *v* est supprimé comme plus haut dans *Éthevnet*.

5. Ou *Dangerand*.

à la confirmacion du dit seel, avons seellé le dit sac du seel de la dicte prevosté de Chasteaulandon.

Item, un cheval sur poil fauve, que le dit mort chevauchoit, et lequel il avoit alloué de Guillaume le fisicien de Nevers, si comme le dit Michelot disoit.

Auquel inventoire faire, en la manière que dessus est dicte, furent présens le dit Michelot, Clement Favoreau, son gendre, Jehan Deudefer, dit autrement Golée, Huet de Bausoy et Regnaut, le vallet Guillot de Disi, tesmoins à ce appellés de par les diz envoiés, si comme li dis jurés nous a rapporté ; à la relacion duquel nous avons seellé ces lettres du dit seel de la dicte prevosté.

Ce fu fait, escript et donné le mercredi dessus dit après la dicte feste de Touzsains, l'an mil CCC et quarente sept.

Transcriptum autem hujusmodi fieri fecimus sub sigillo curie Parisiensis, cujuslibet jure salvo. Datum et actum ut supra. — Radhemet.

Nogent-le-Rotrou, impr. DAUPELEY-GOUVERNEUR.